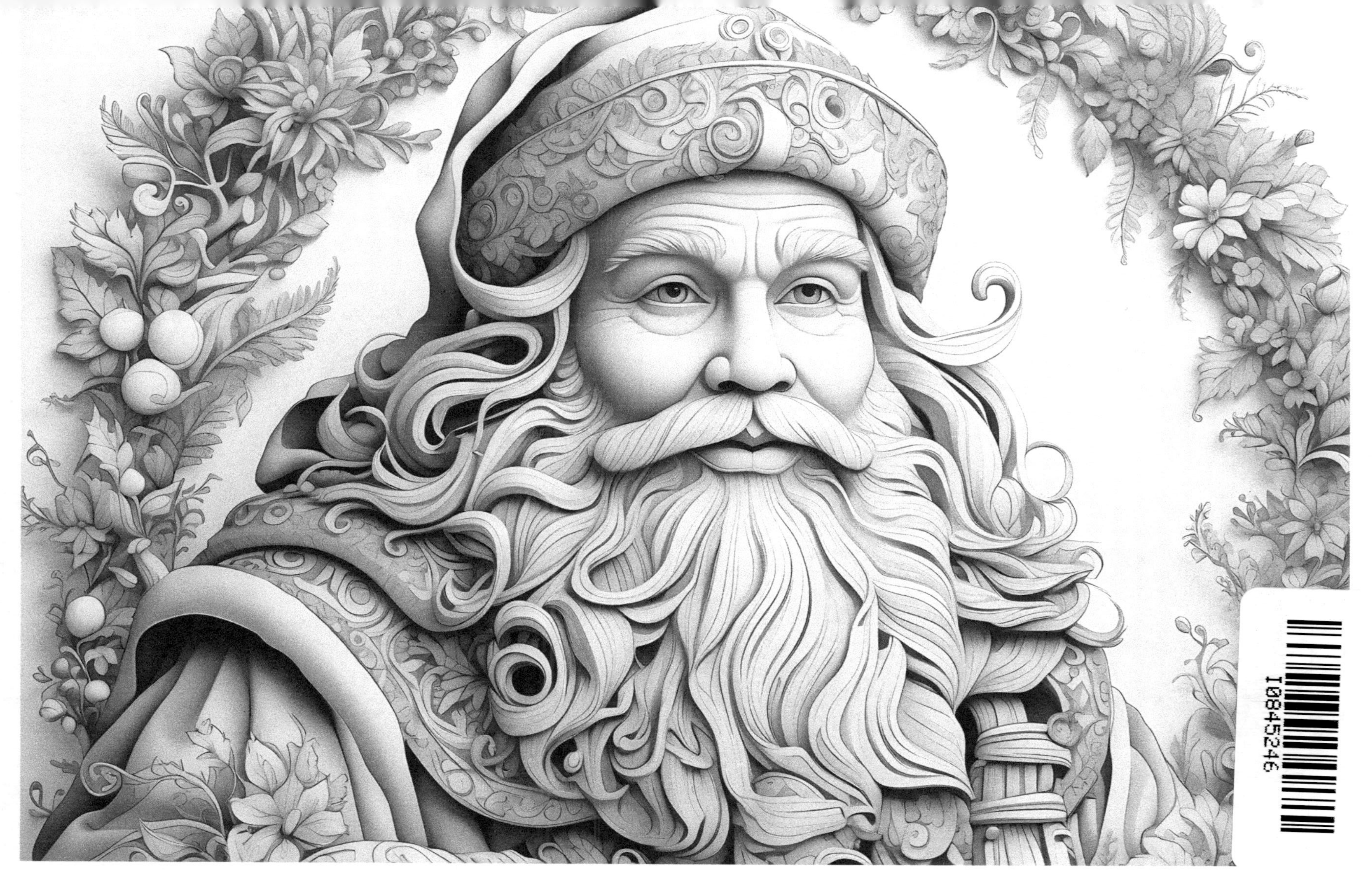
I0845246

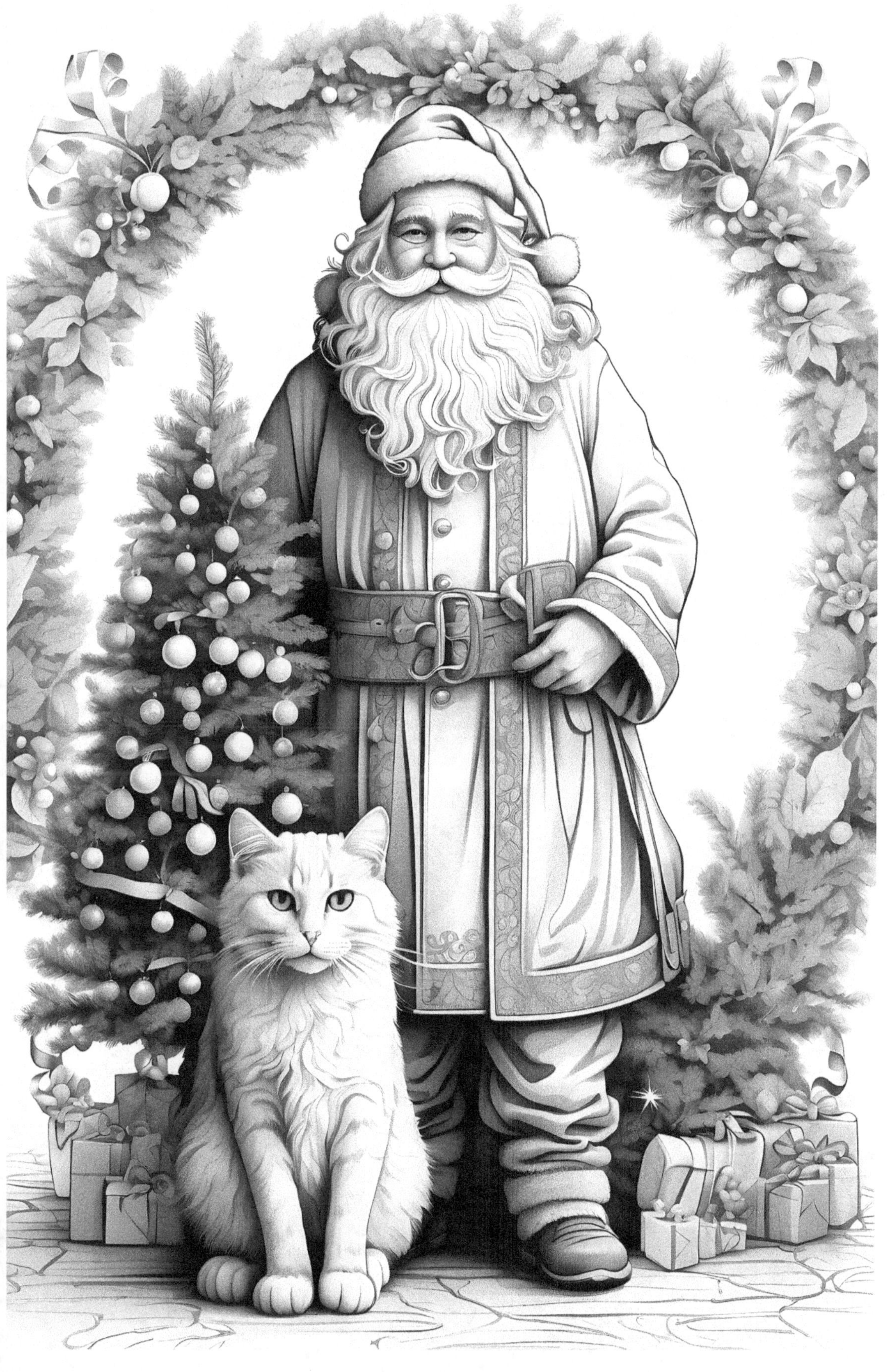

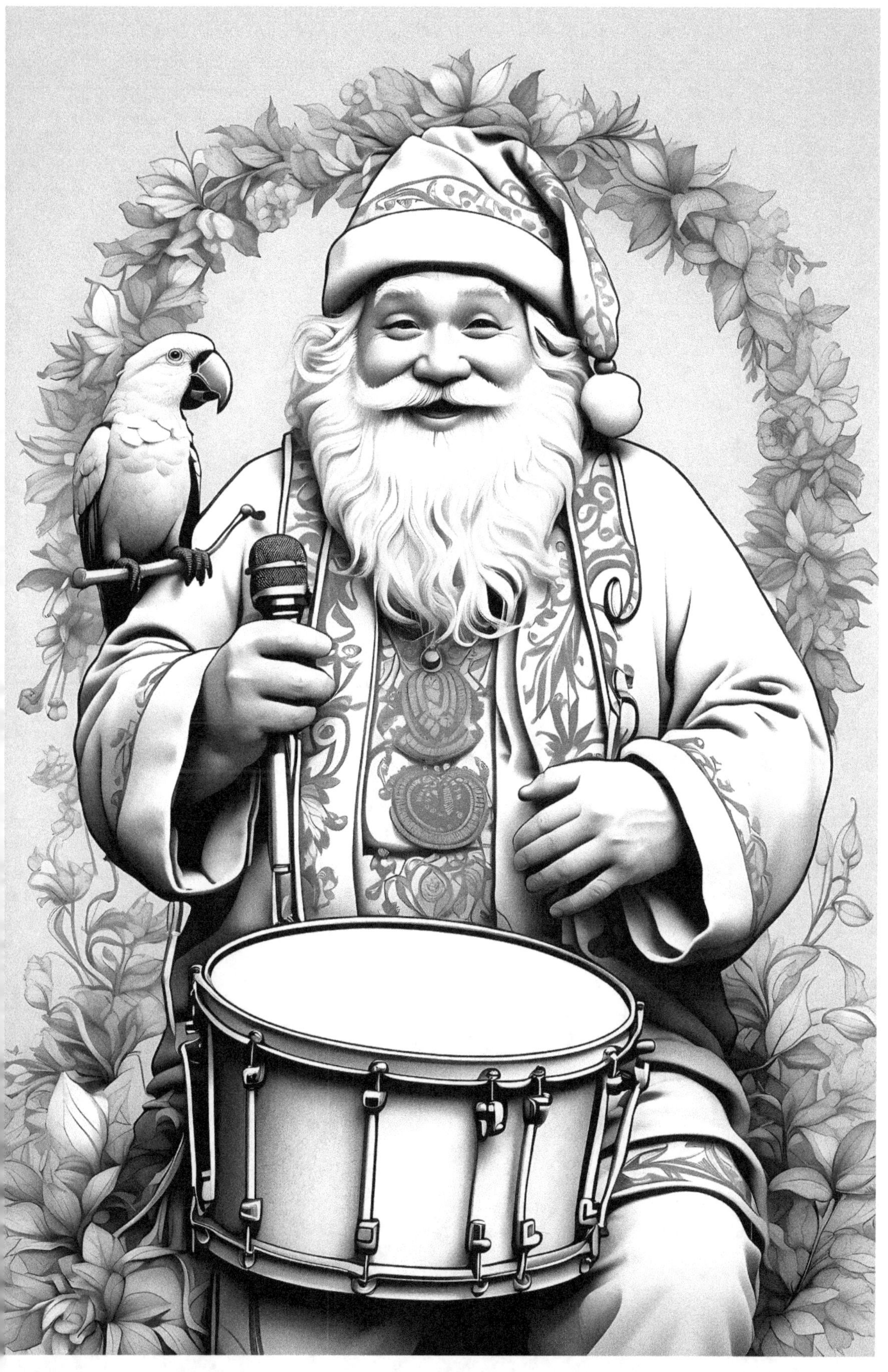

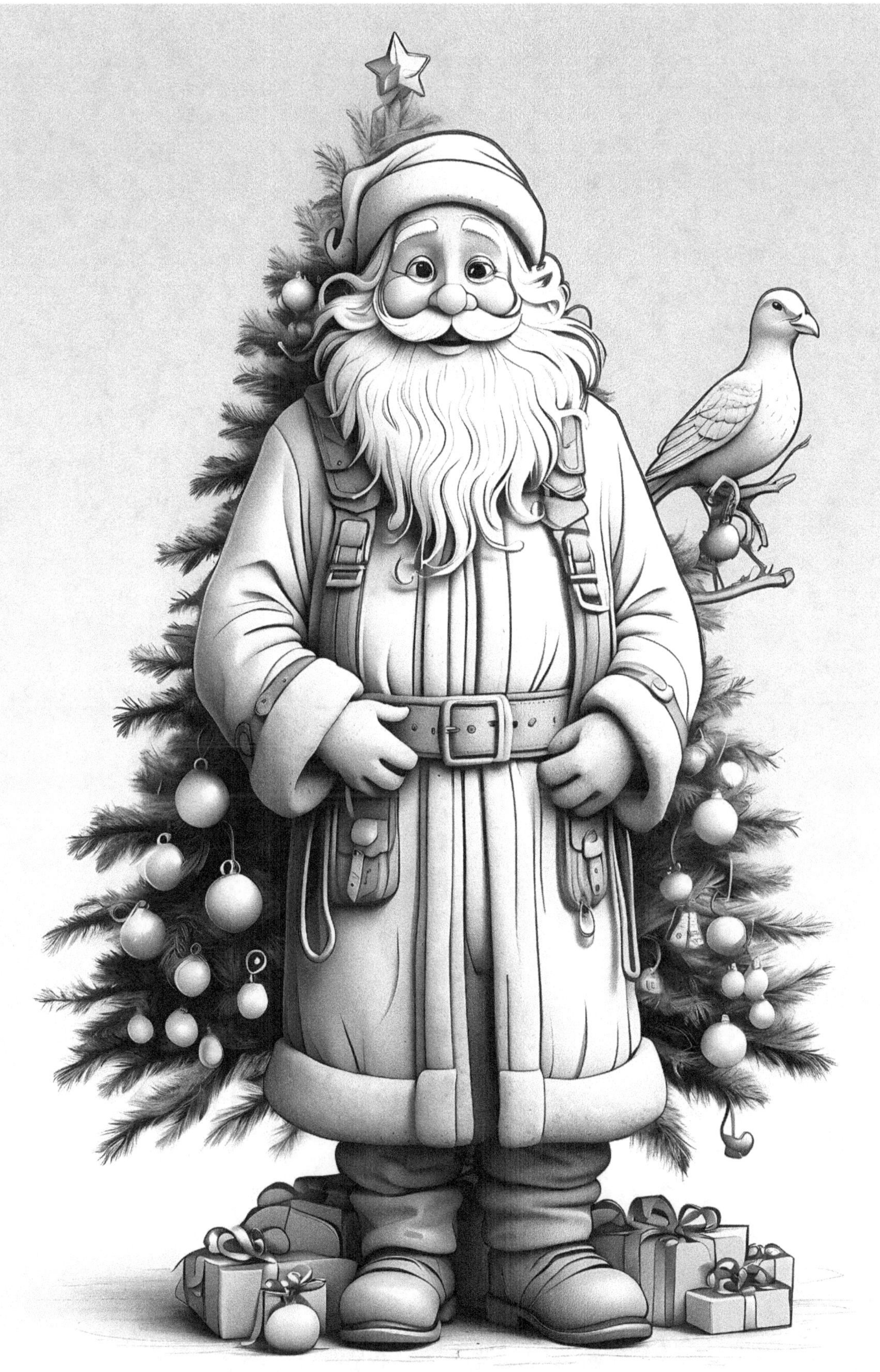

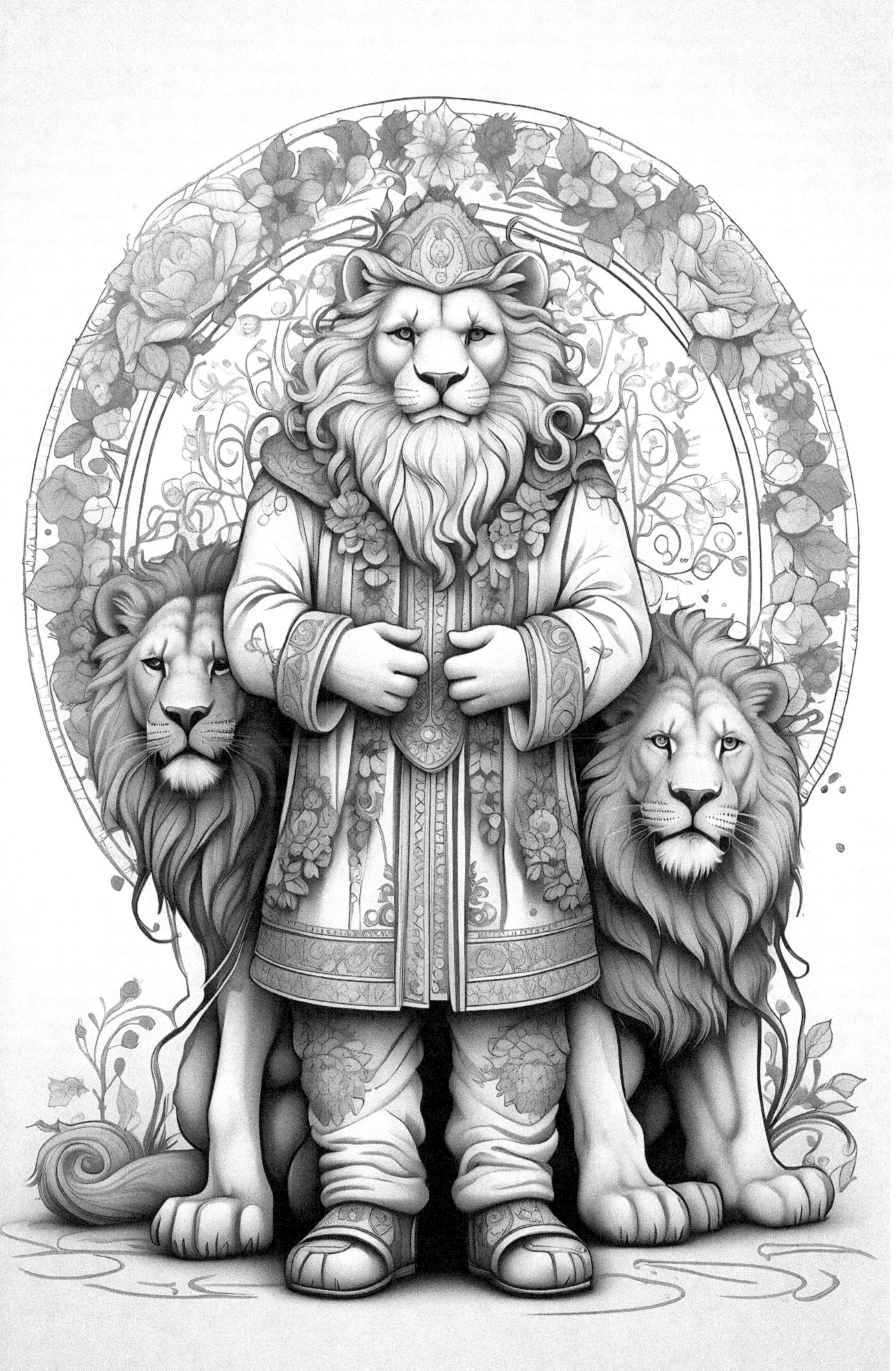

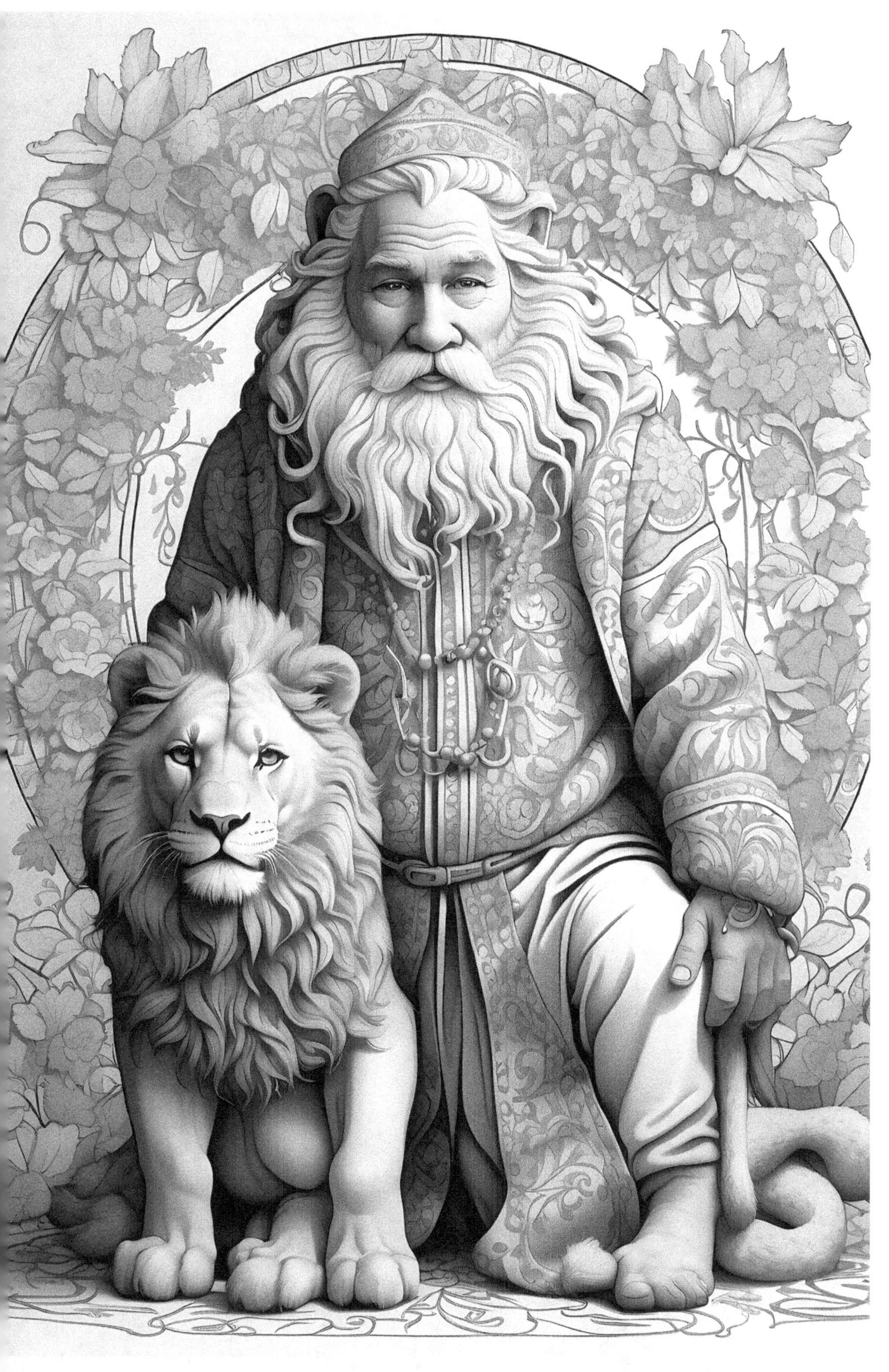

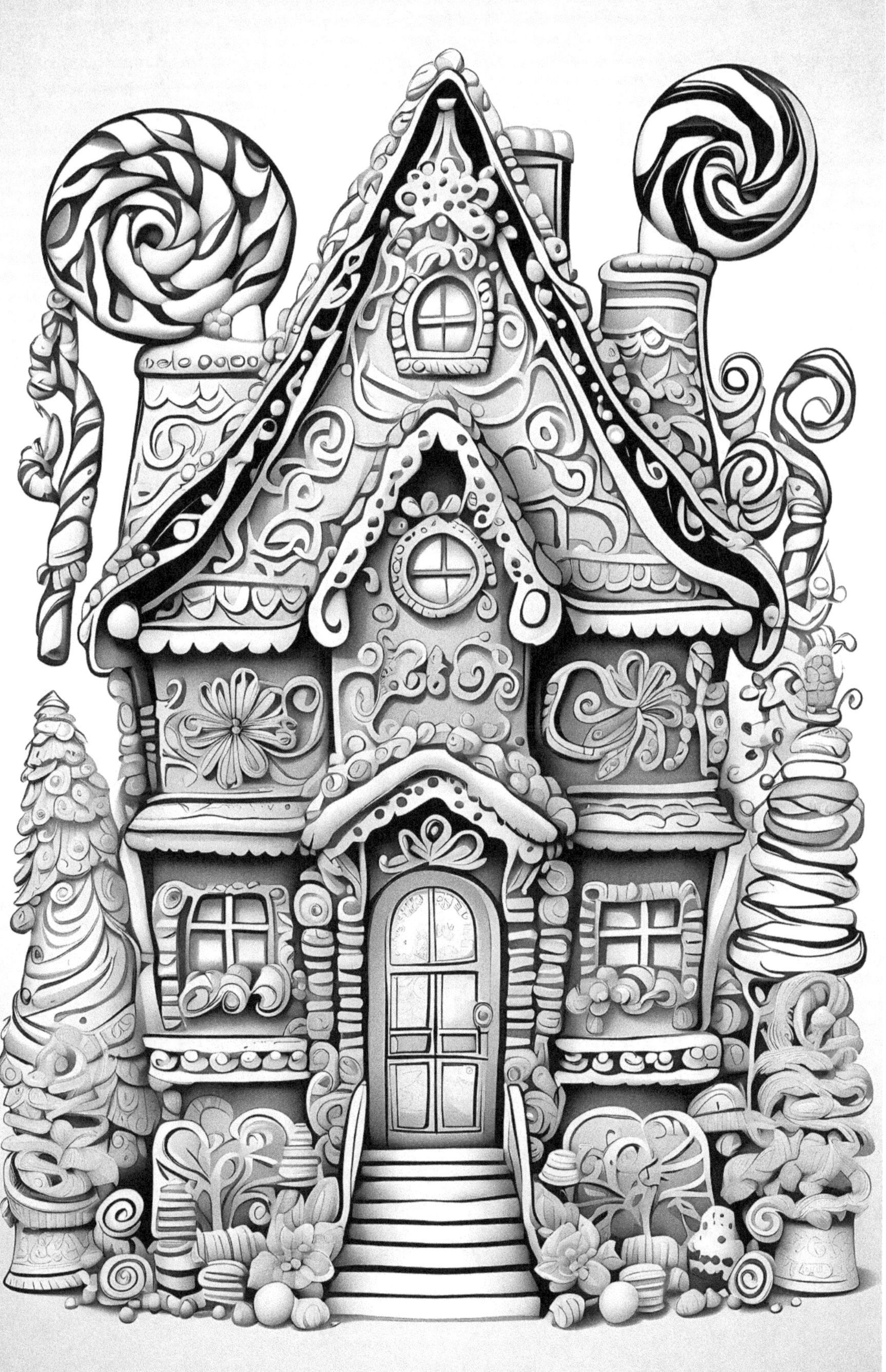

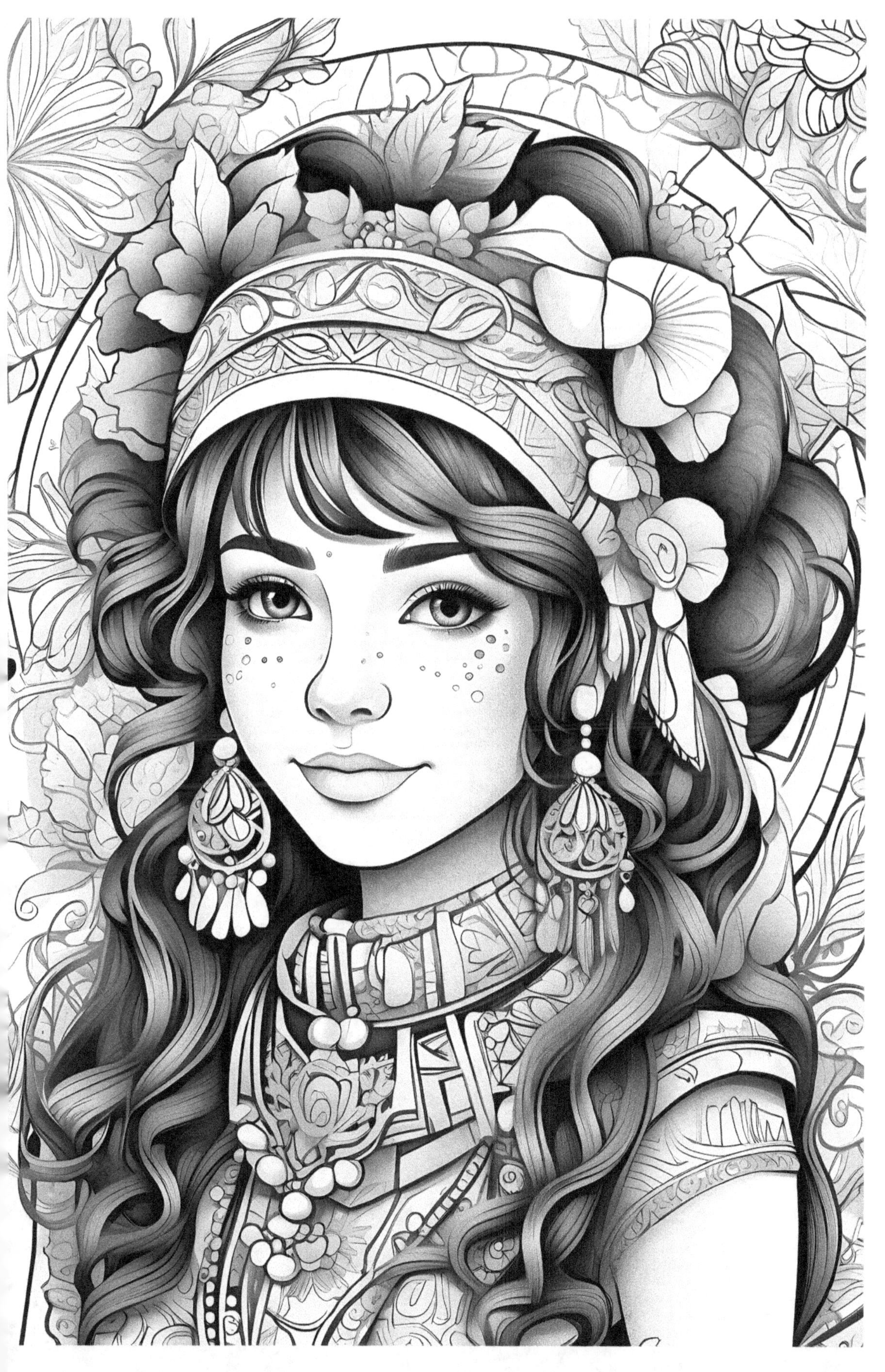

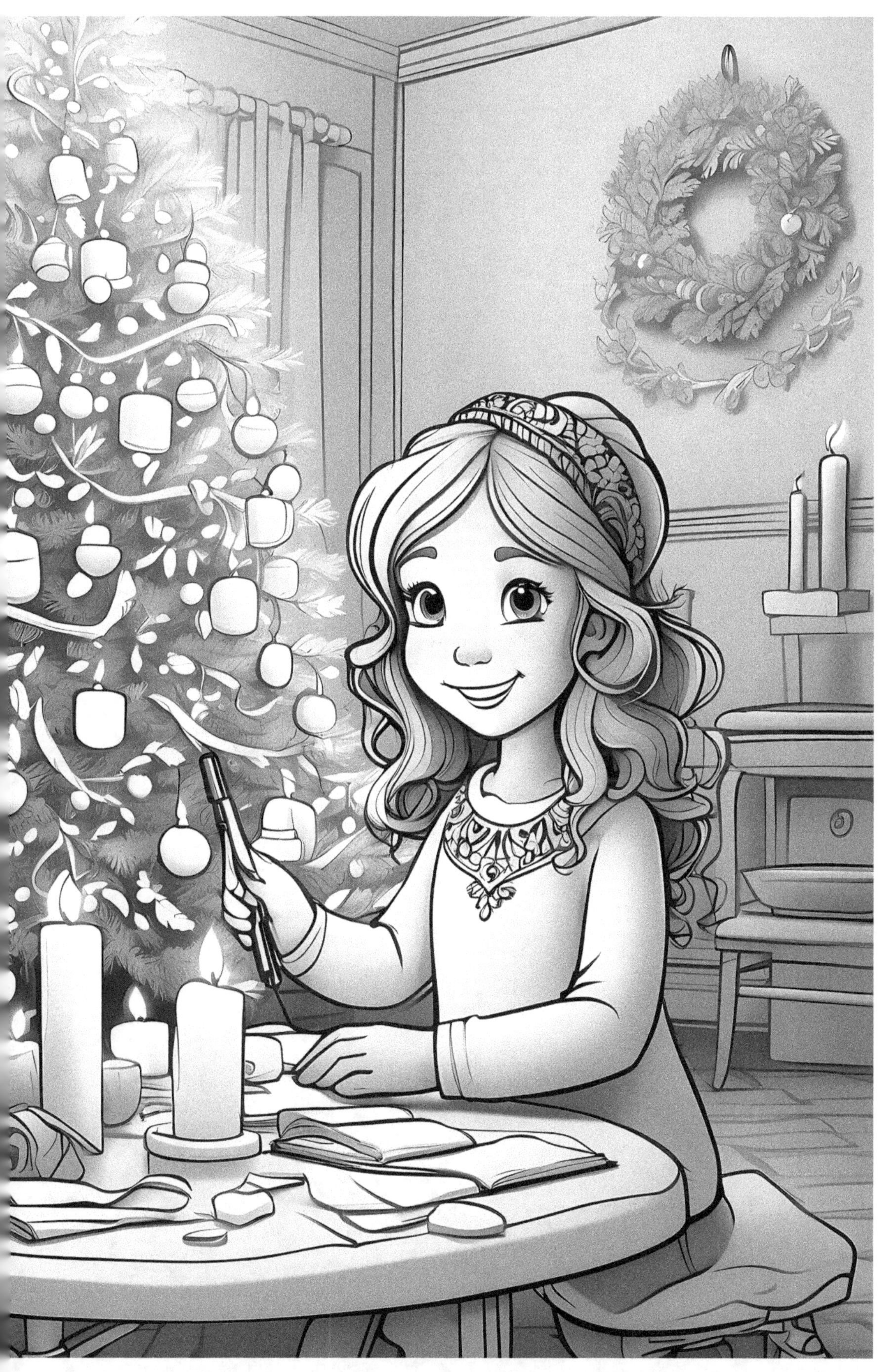

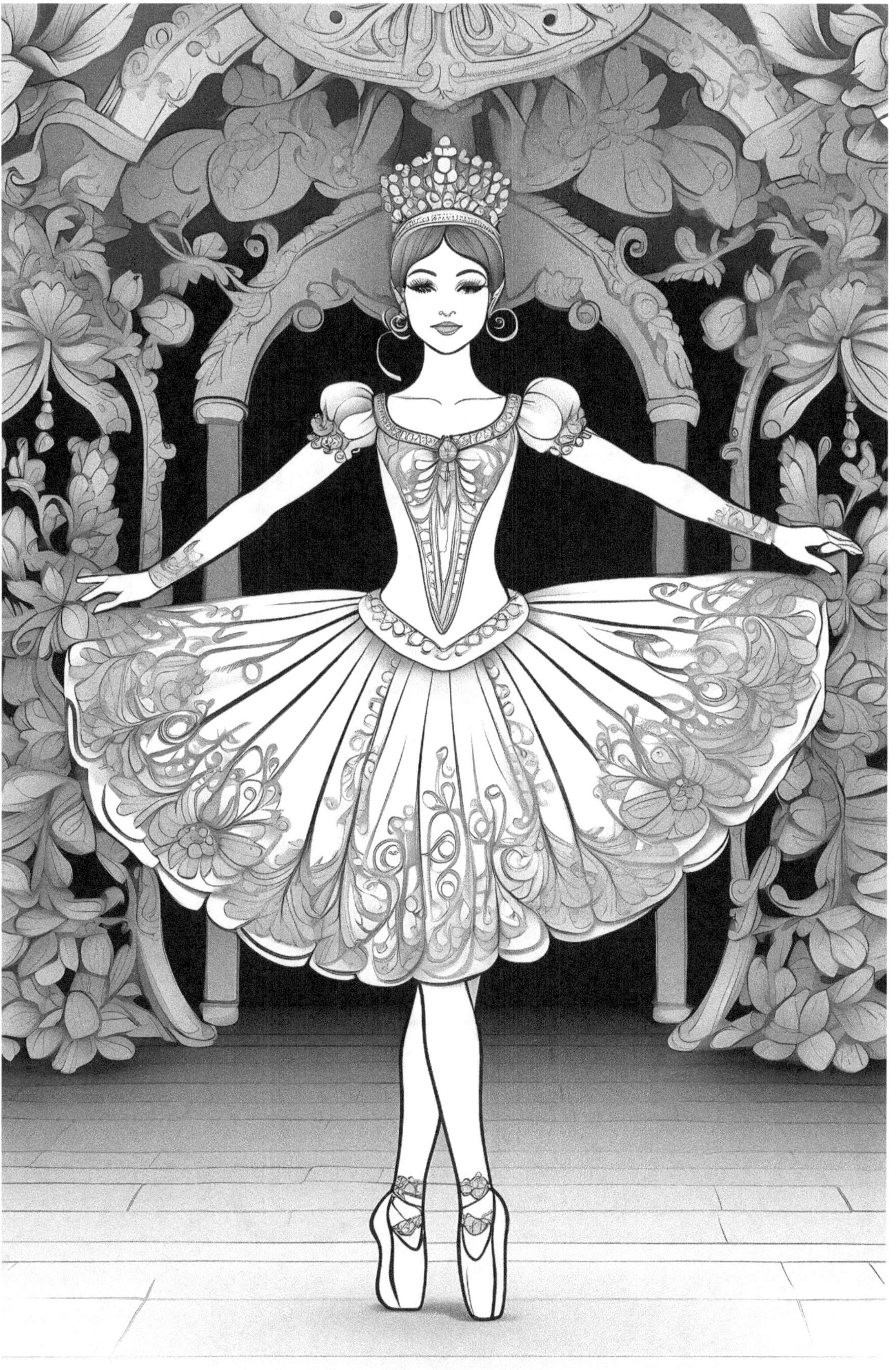

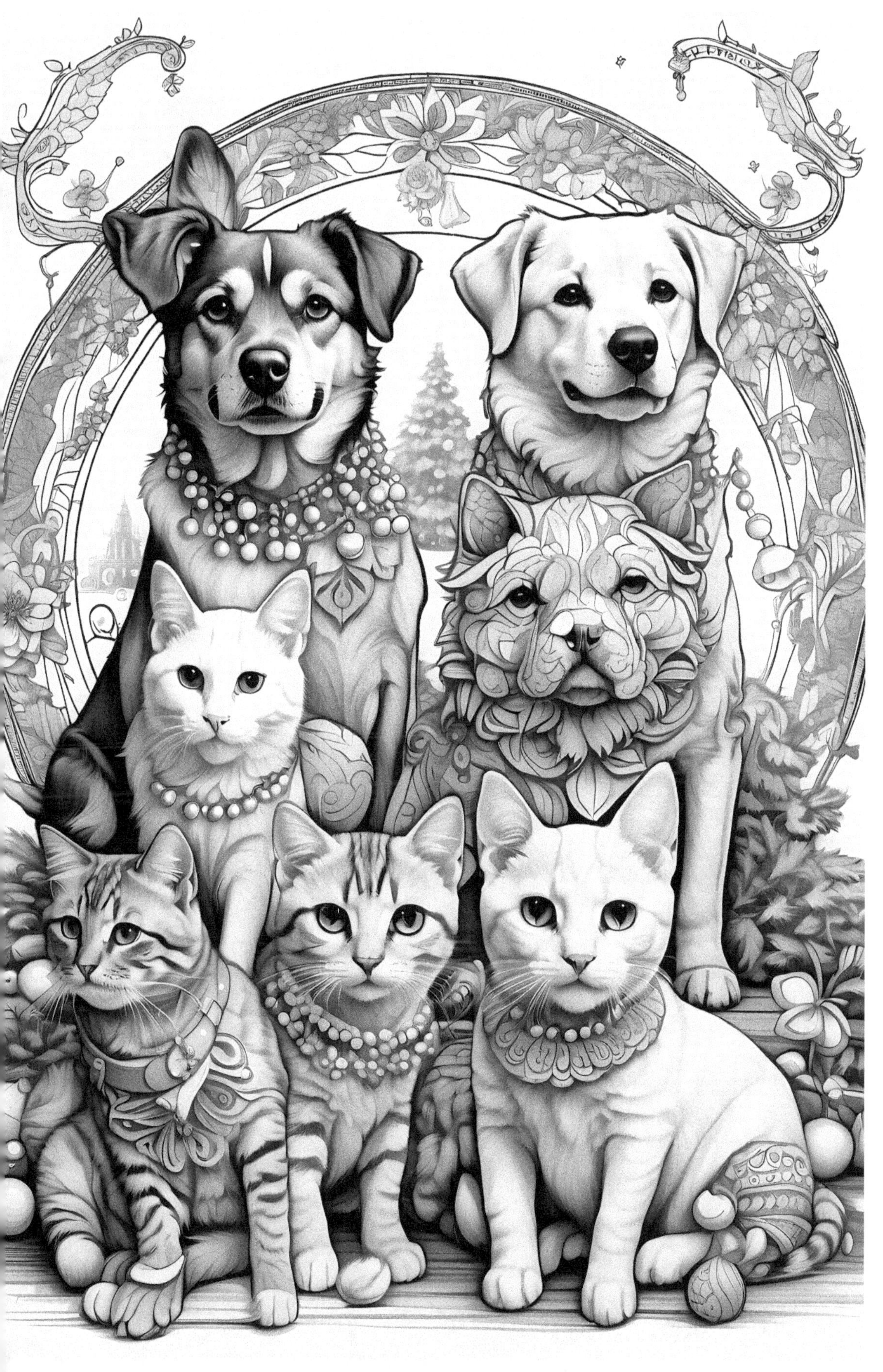

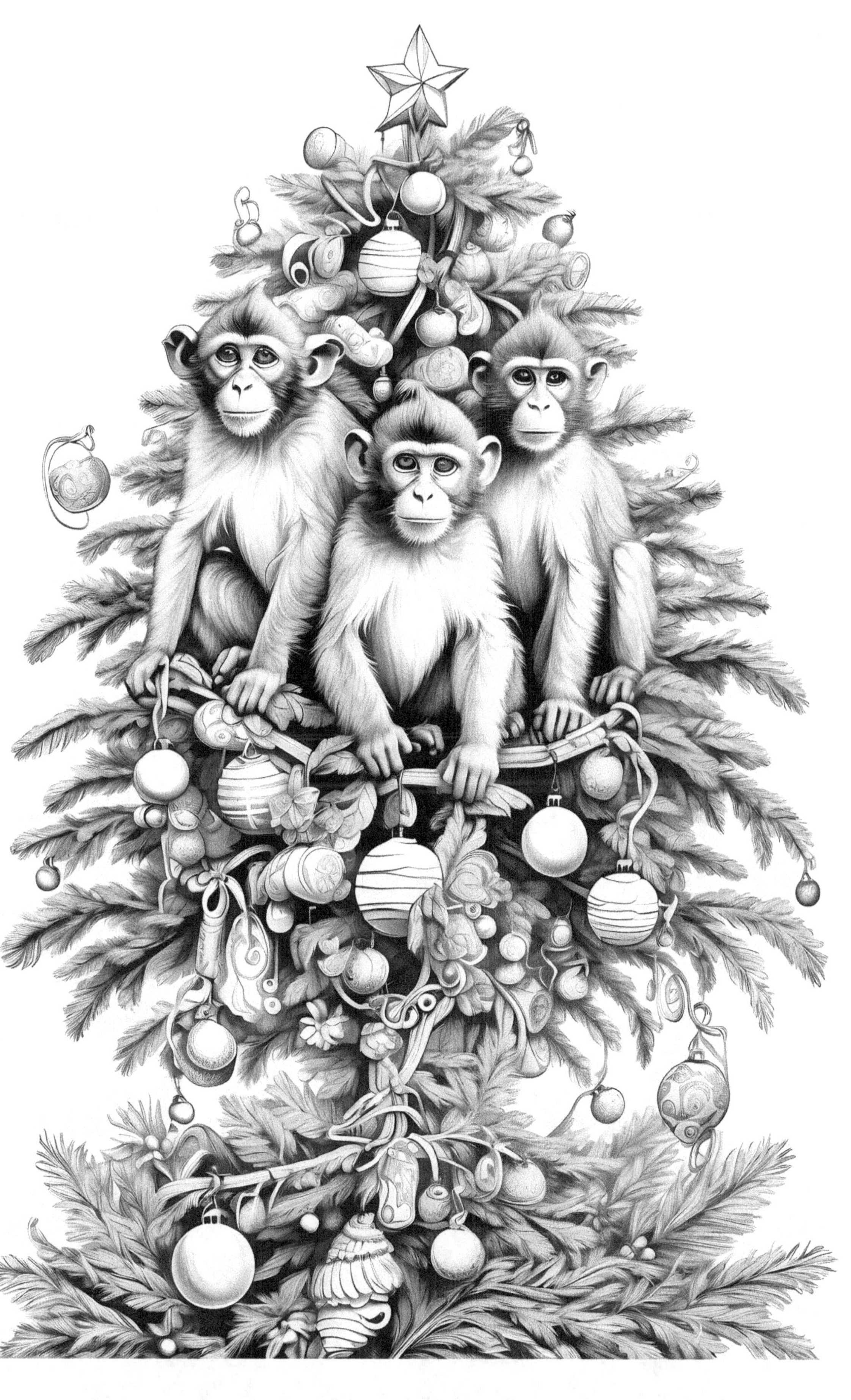

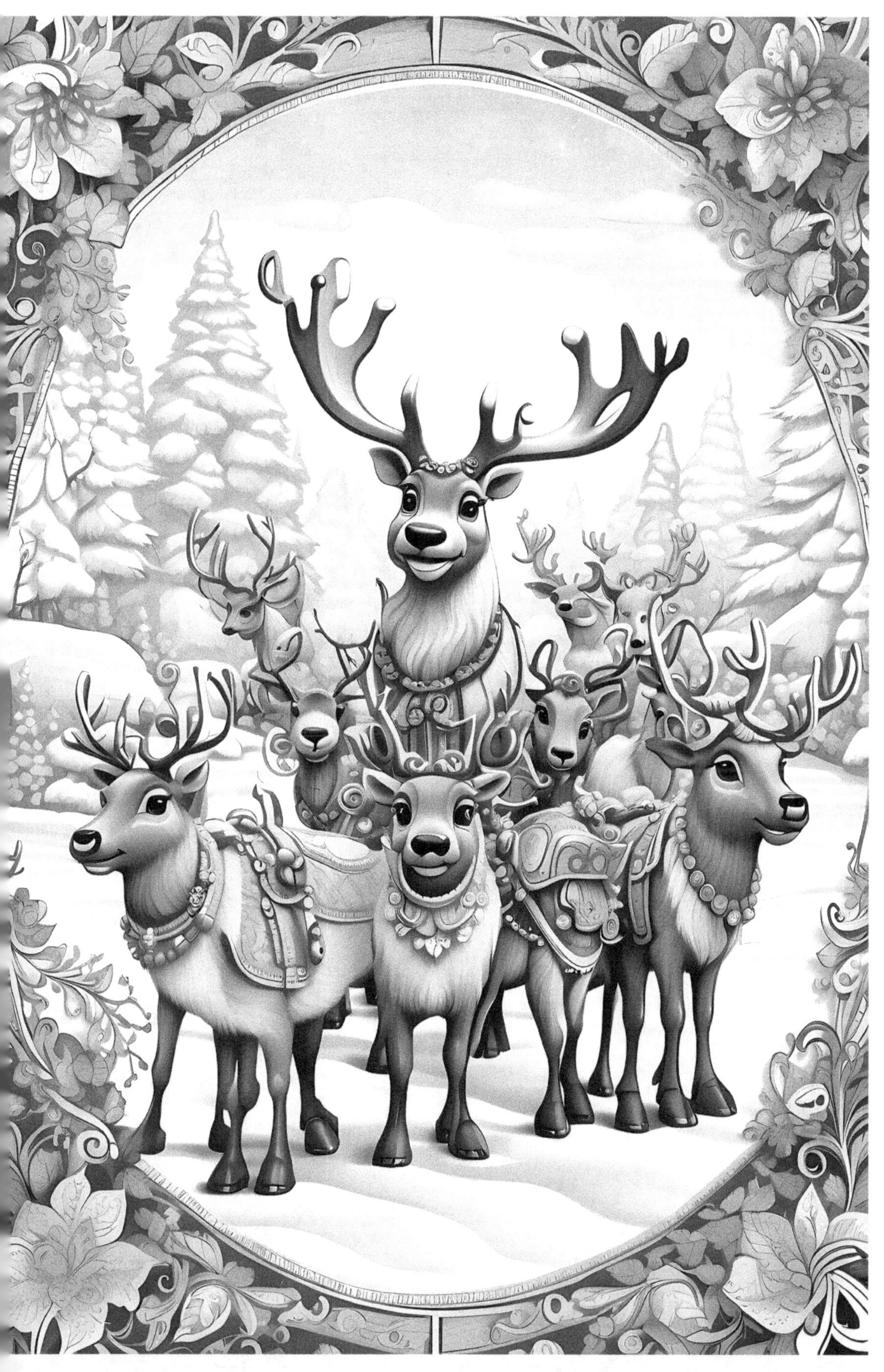

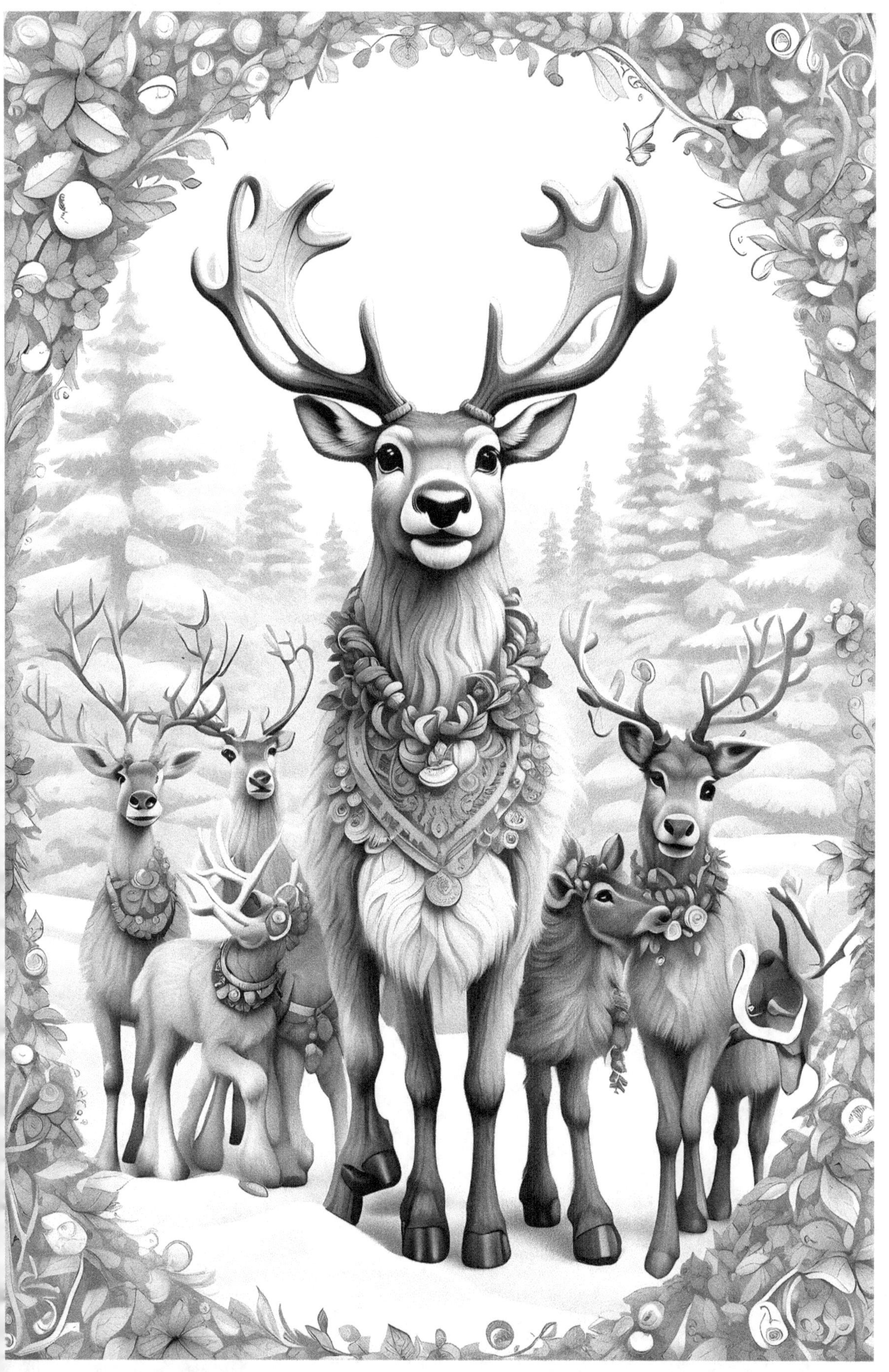

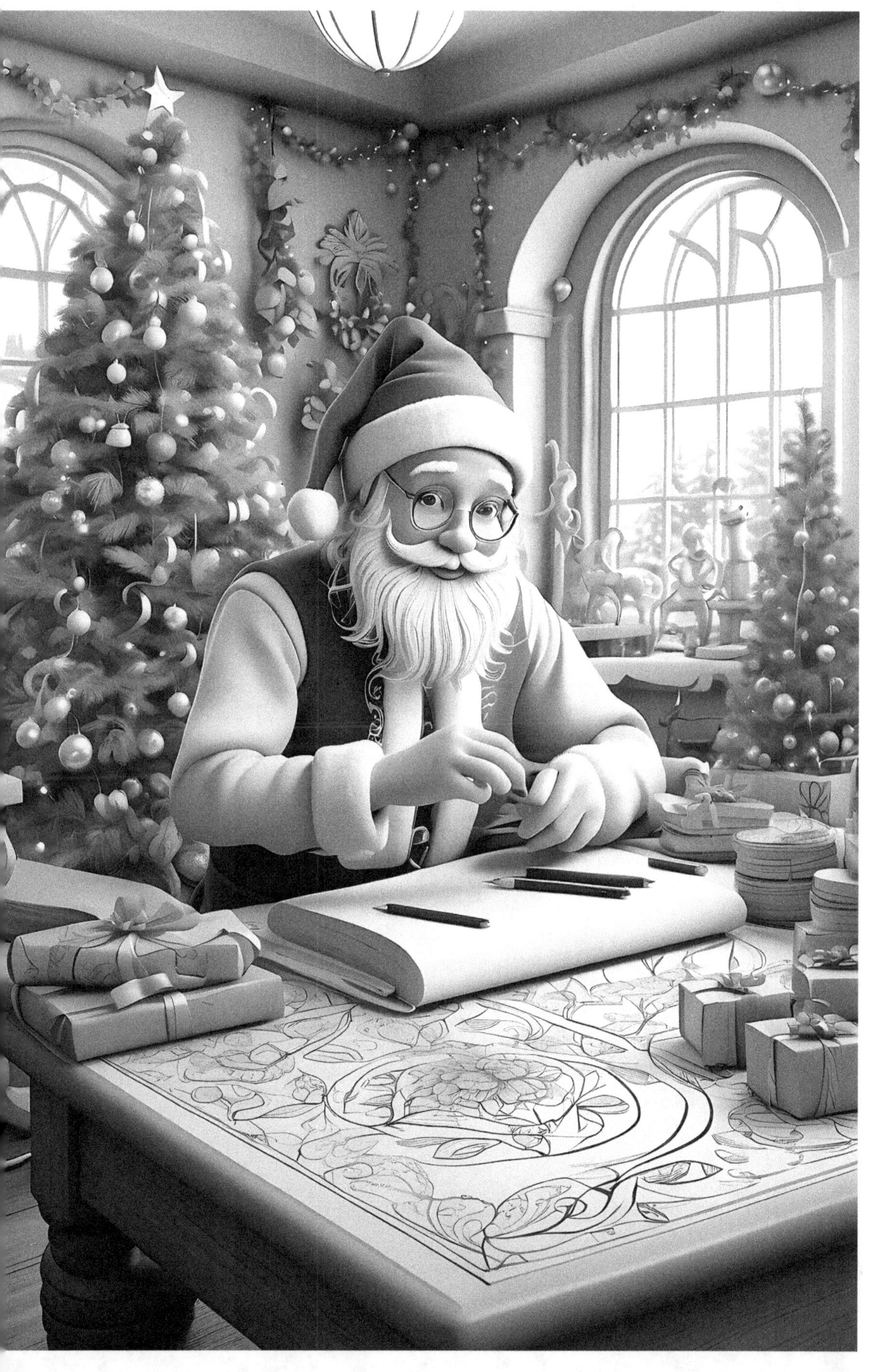

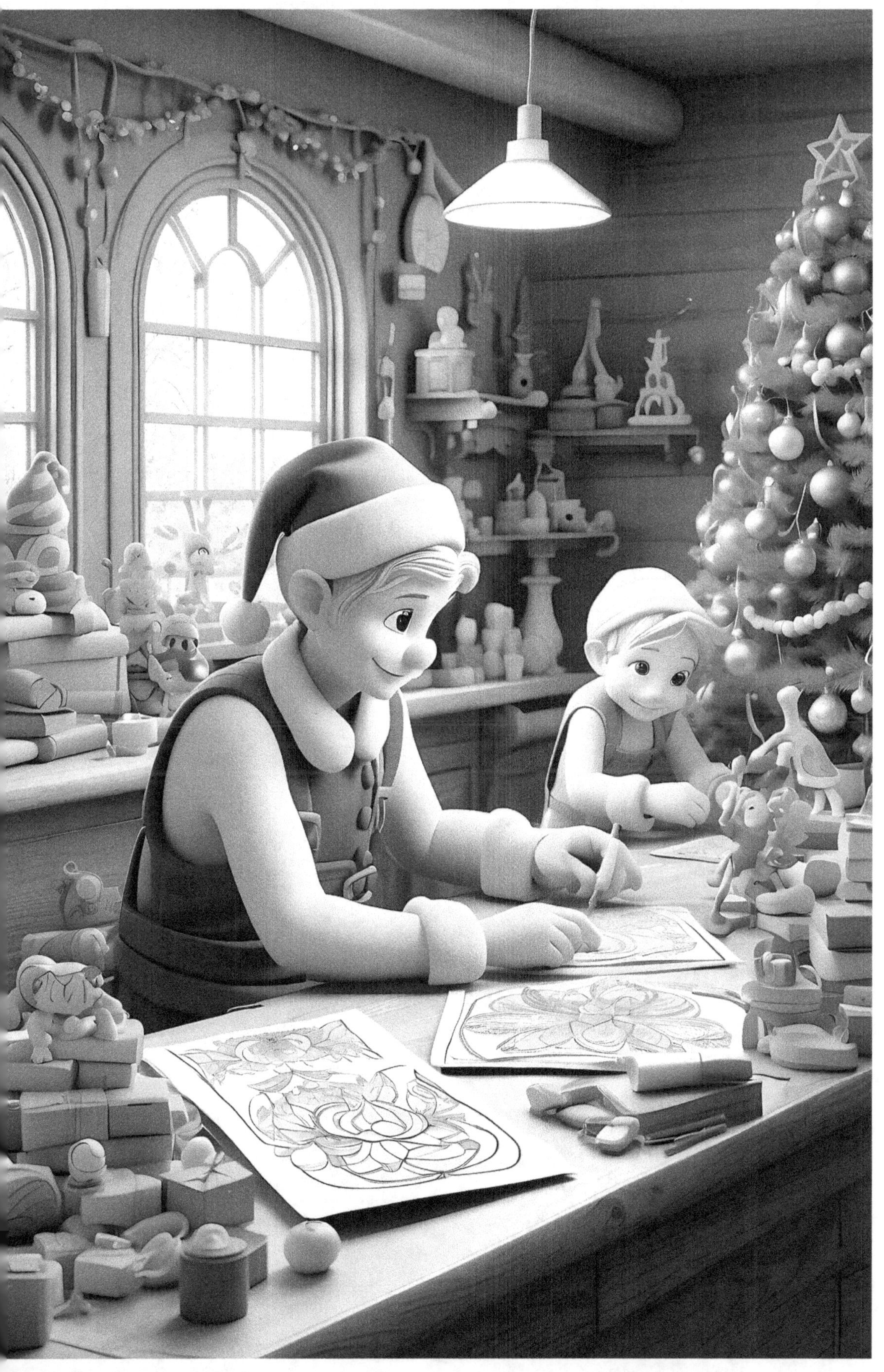

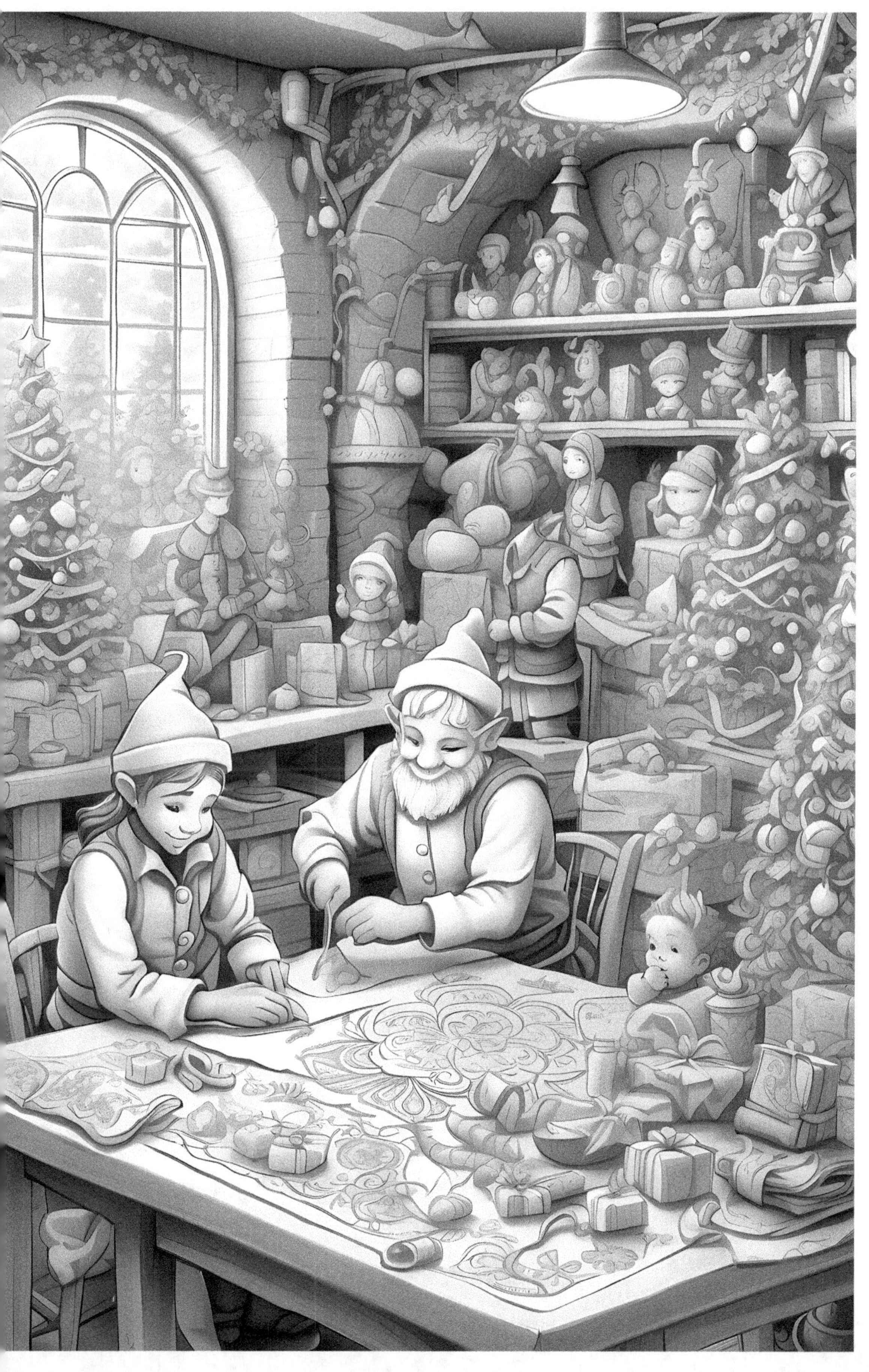

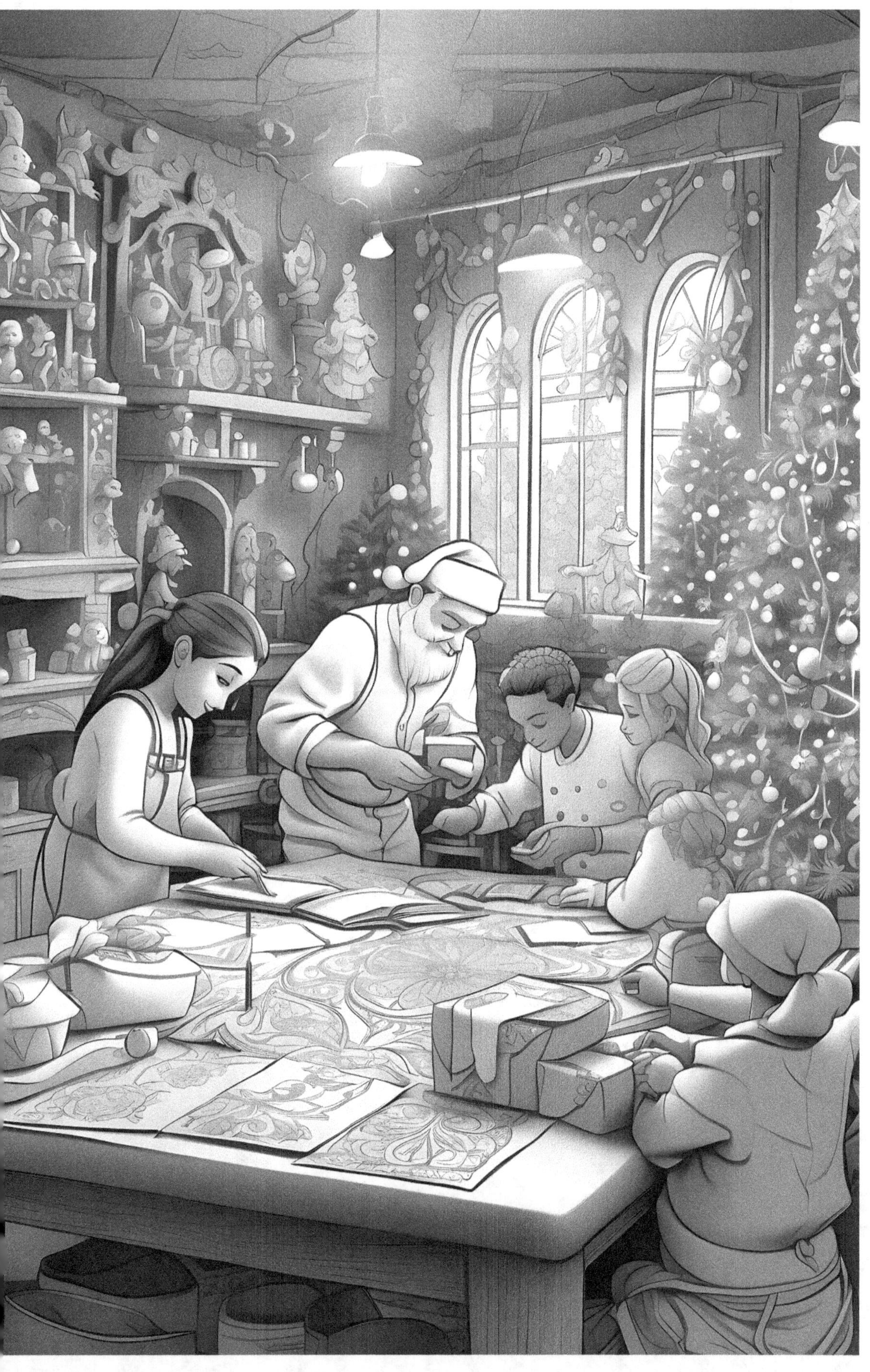

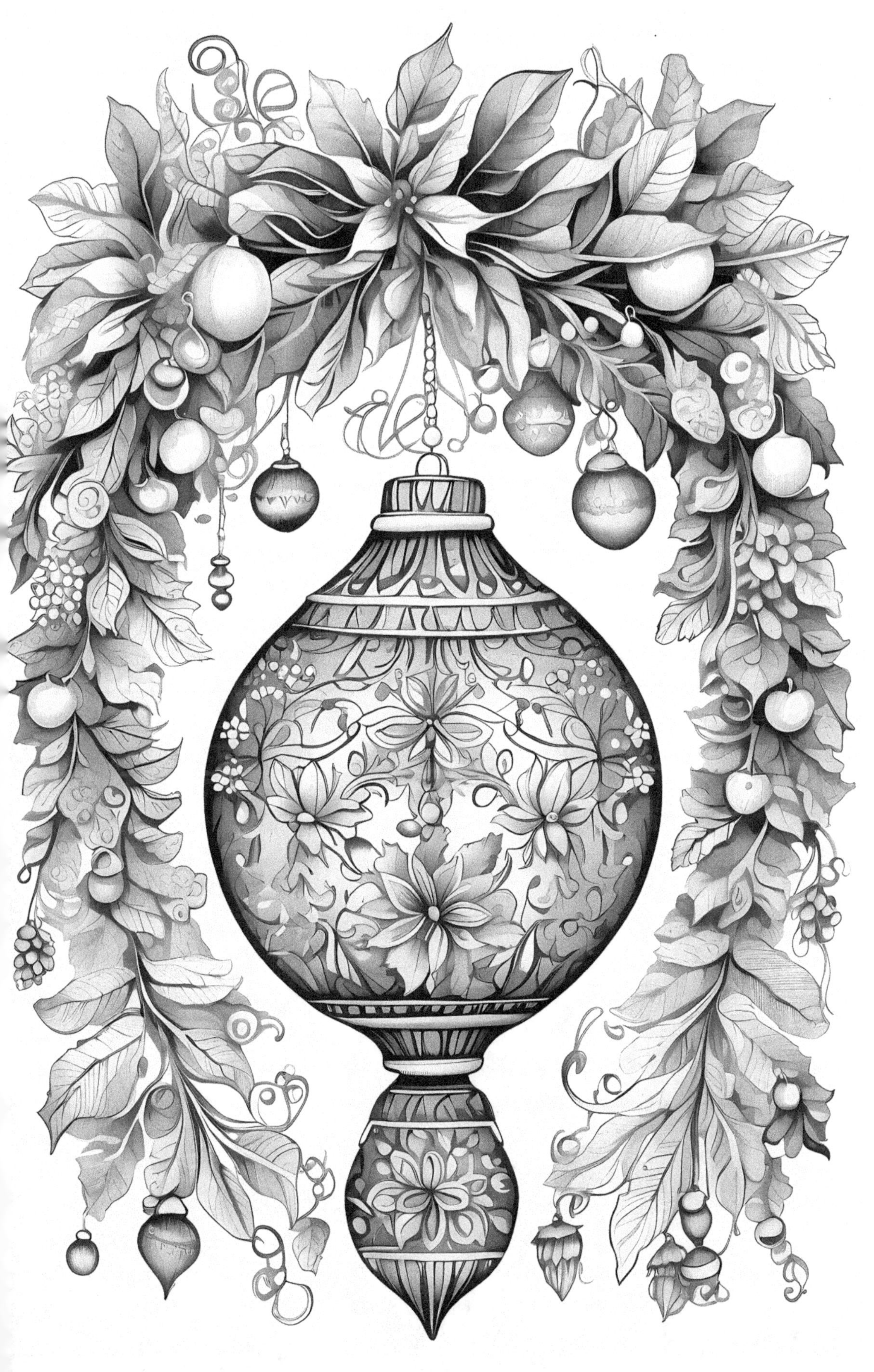

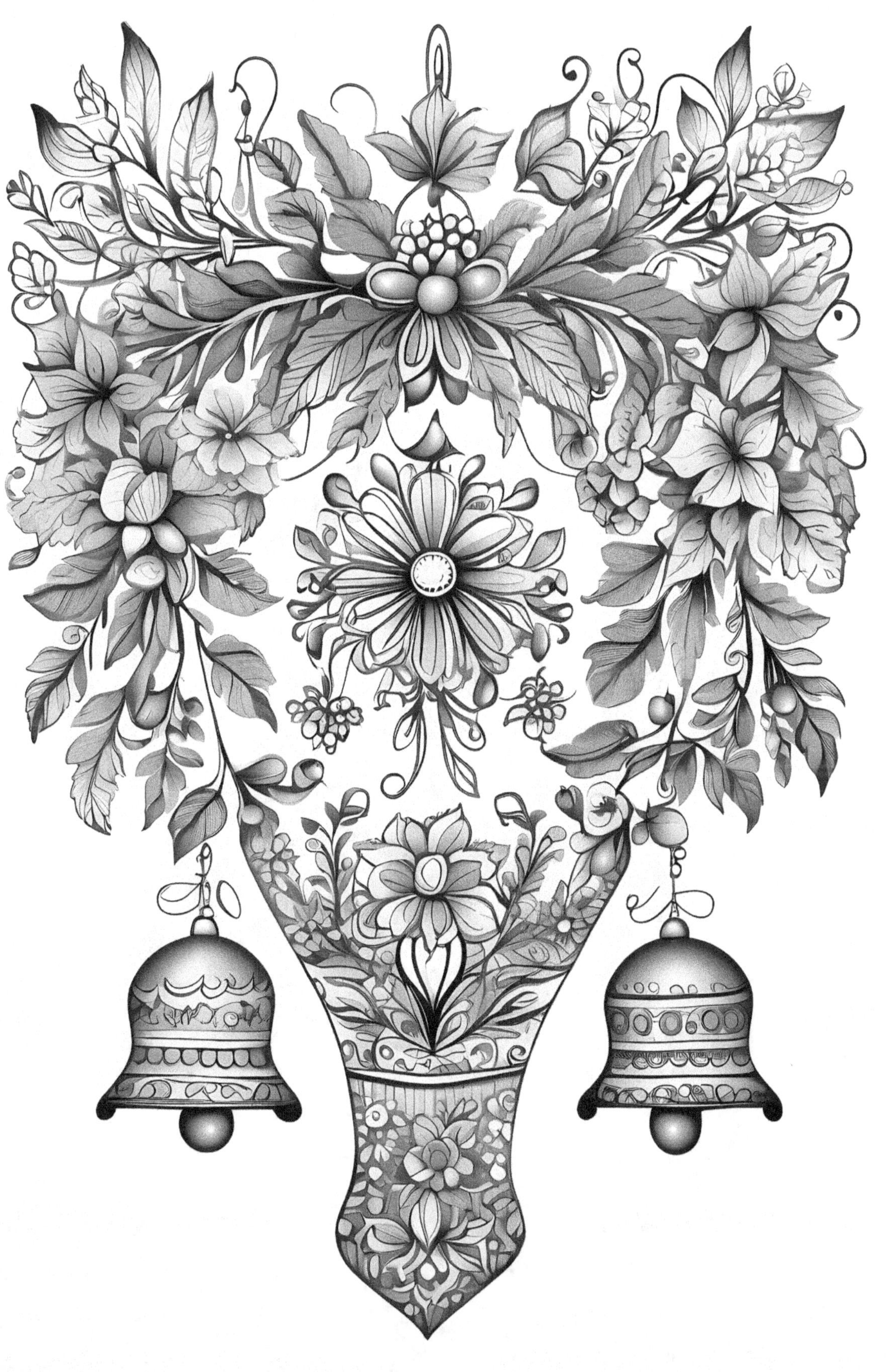

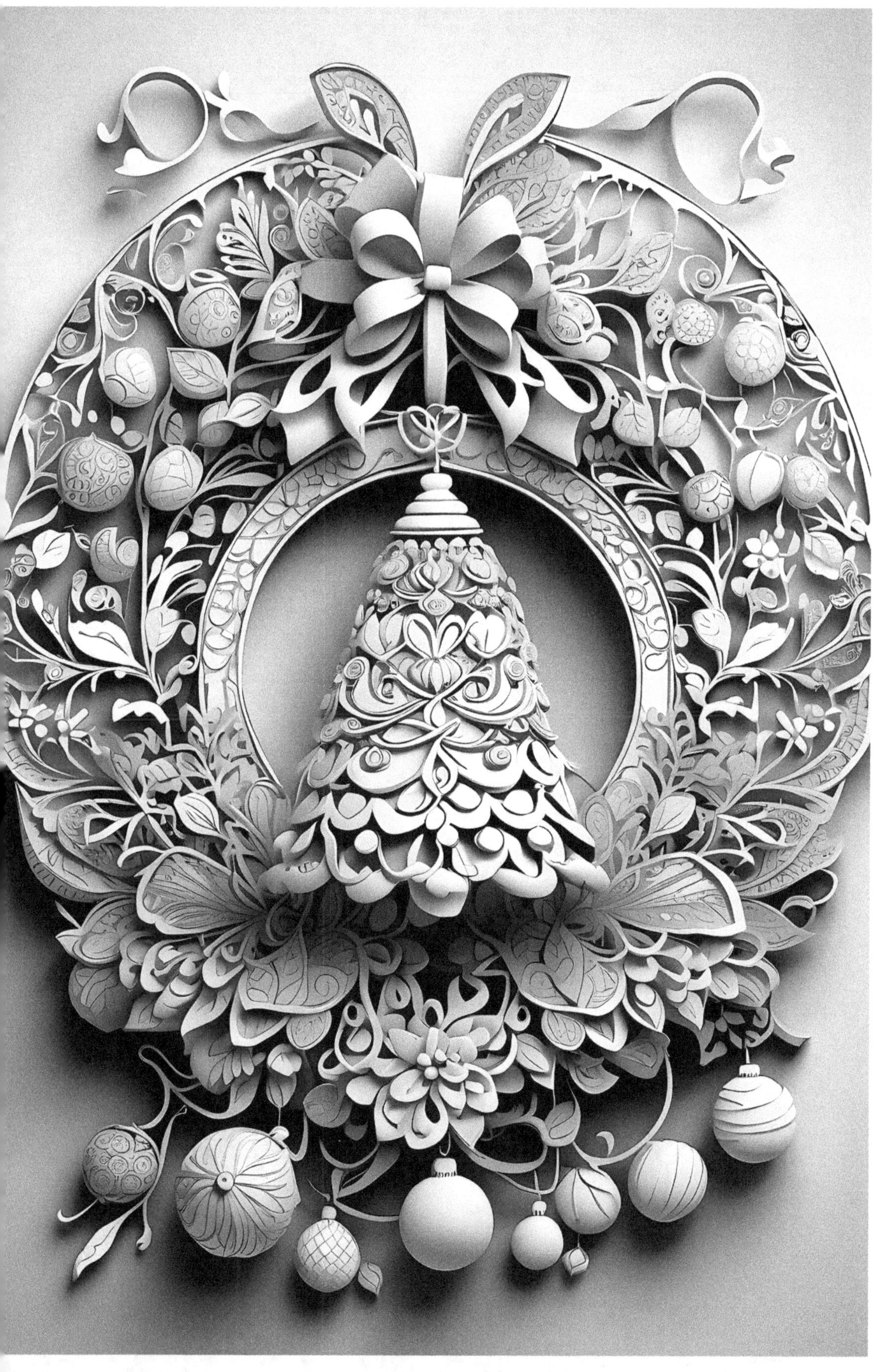

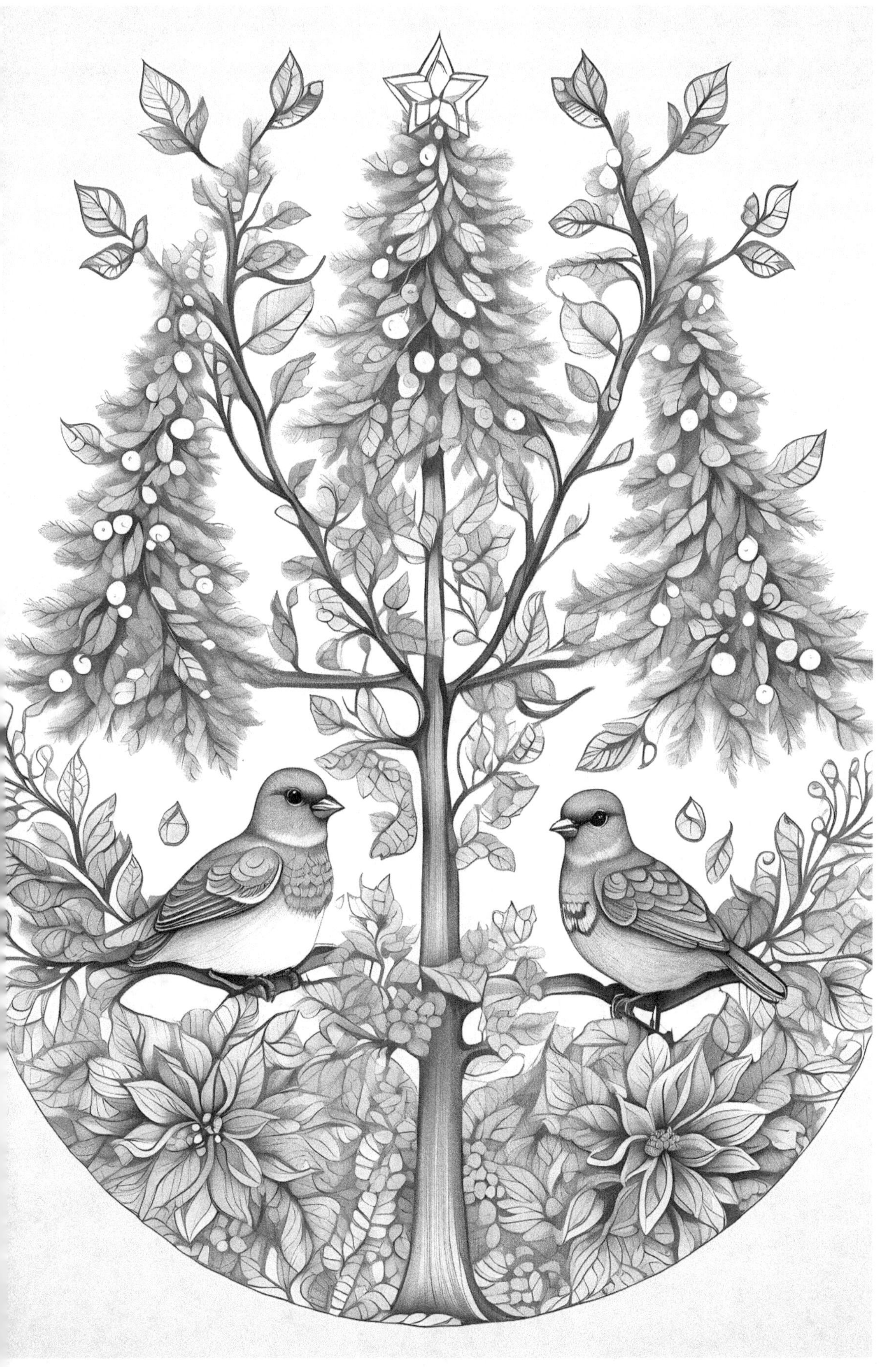

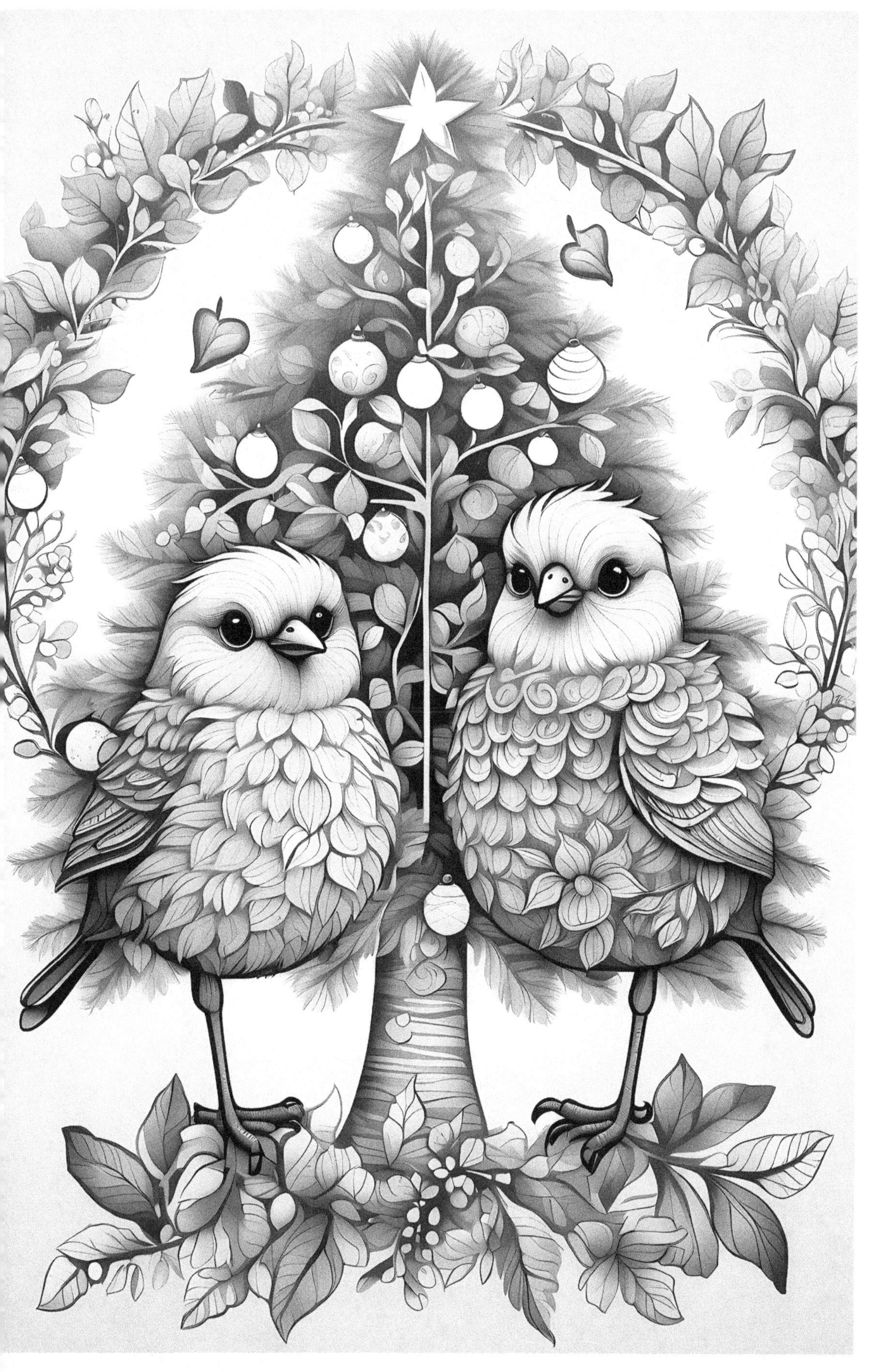

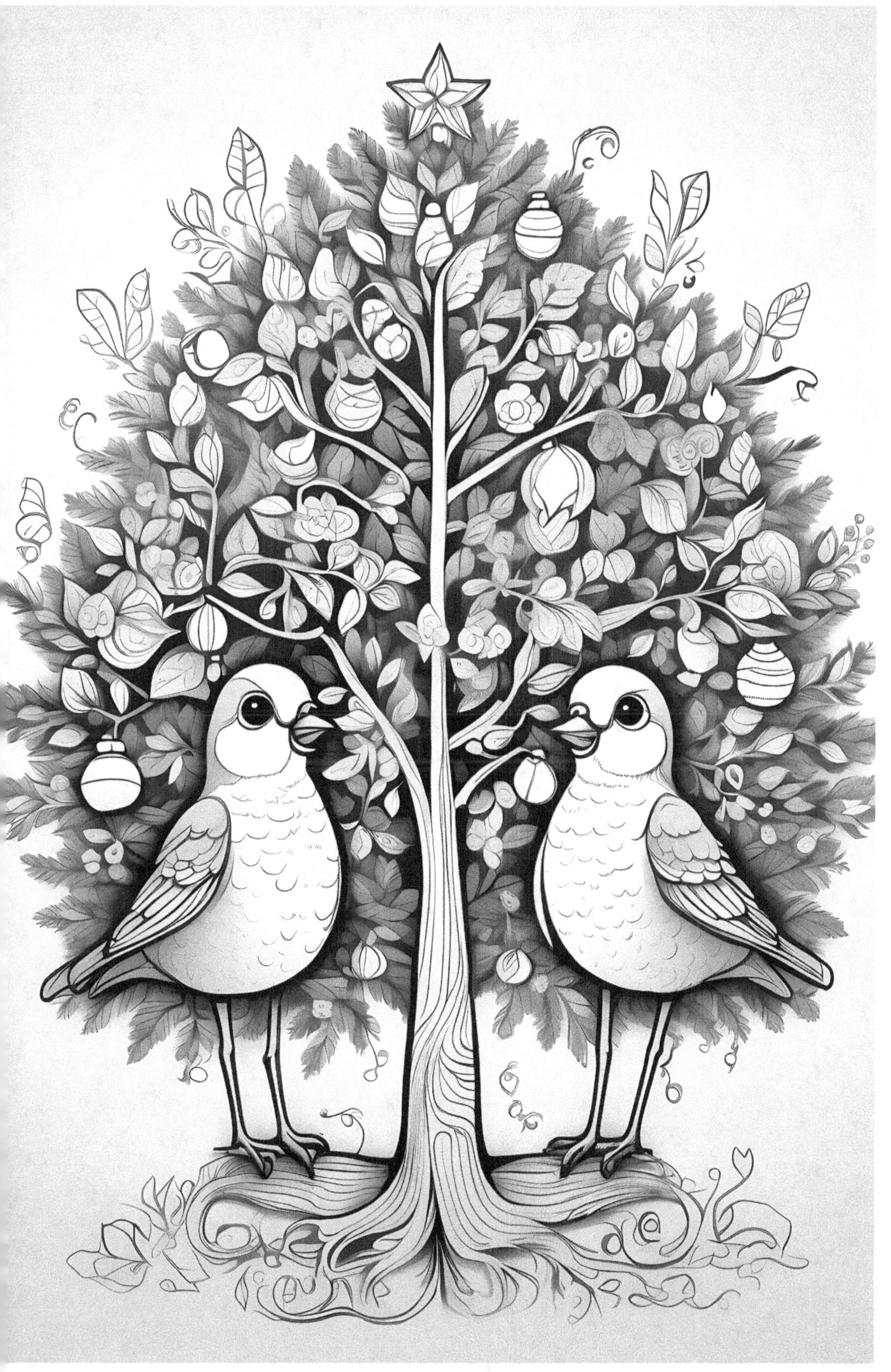

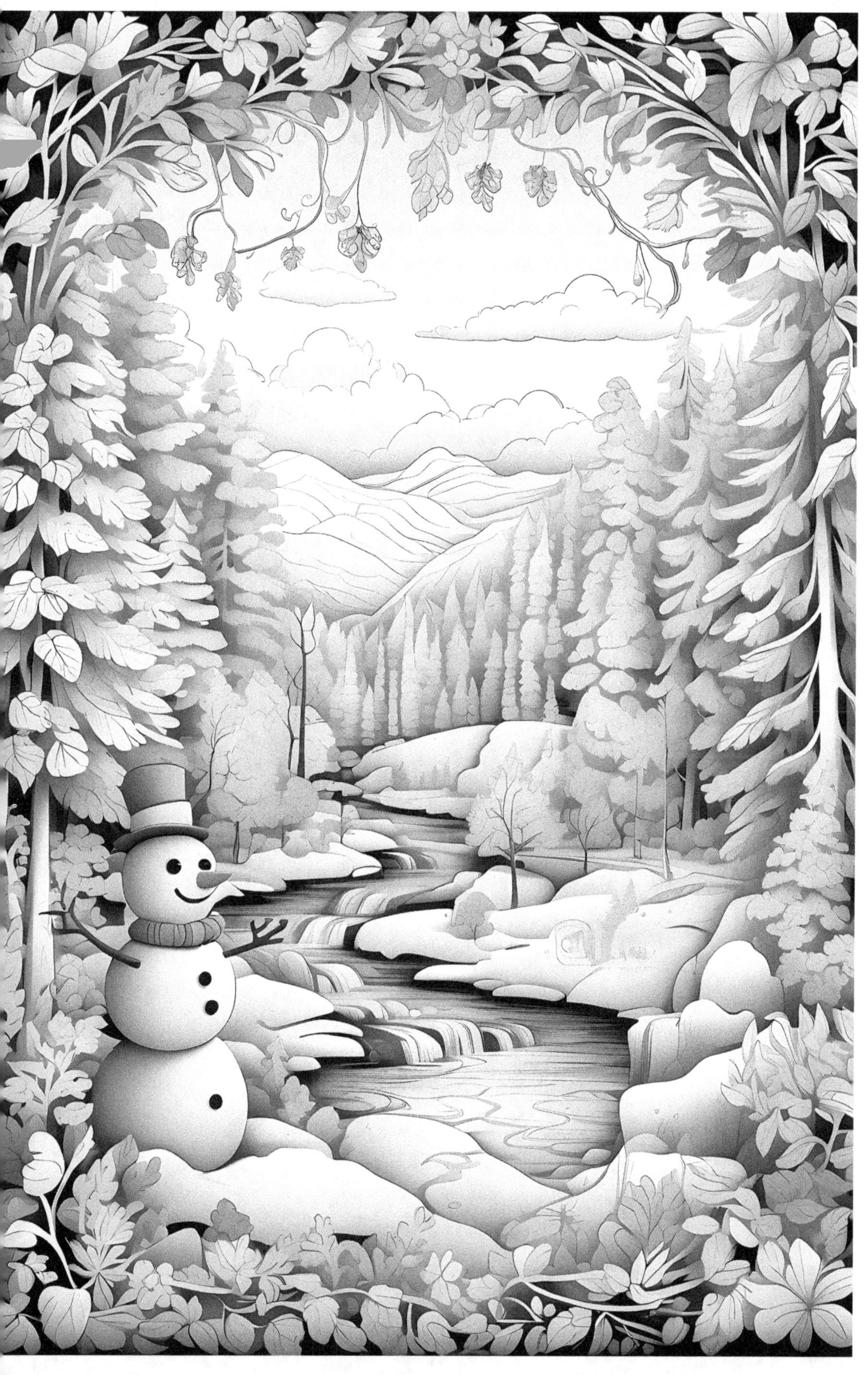